Dieses Adressbuch gehört:

EDITION
ADRESSARIUM

A

A

A

A

B

B

B

B

B

C

D

D

D

D

E

E

E

F

F

F

F

👤 _____
_____
✉ _____
_____
@ _____
_____
📞 _____
_____

👤 _____
_____
✉ _____
_____
@ _____
_____
📞 _____
_____

👤 _____
_____
✉ _____
_____
@ _____
_____
📞 _____
_____

👤 _____
_____
✉ _____
_____
@ _____
_____
📞 _____
_____

👤 _____
_____
✉ _____
_____
@ _____
_____
📞 _____
_____

👤 _____
_____
✉ _____
_____
@ _____
_____
📞 _____
_____

G

G

G

J

J

K

L

P

P

P

P

P

Q

Q

R

S

S

S

S

S

T

T

T

V

W

X

X

Y

Y

Y

Z

Z

Z

Impressum:

Philipp Hesse
c/o Werneburg Internet Marketing und Publikations-Service
Philipp-Kühner-Straße 2
99817 Eisenach

www.ingramcontent.com/pod-product-compliance
Lightning Source LLC
Chambersburg PA
CBHW071149220526
45466CB00012B/371